1
WHOEVER
Hoffnung

2
GIPFEL
Selbsterkenntnis

3
SWAN
Verzeihen

4
SANSONNET
Liebe zum Leben

5
BAUM
Lausche der Botschaft der Bäume

6
HERON
Lebe deine Träume

7

KLEID

Loslassen

8

TIYOWEH

Die Vision des Weges

9
OWL
Höre auf deine Seele

10
NIGHTINGALE
Vertrauen

11

ABLOOM

Öffne dein Herz für das Licht

12
SILESIA
Suche deine Wurzeln

13
LEAFY
Schenke der Welt ein Lächeln

14
SANTAL
Transzendenz

15
WHIFFLE
Intuition

16
LILY
Ermutigung

17
WICKET
Liebe zur Erde

18
WISTAIRE
Die Wiederverzauberung der Welt

19
STREAM
Liebe

20
HINDIN
Schönheit

21

BLUME

Die innere Stimme

22
SERENE
Inspiration

23
TWINKLE
Fürchte dich nicht

24

SEAWEED

Vertraue auf deine Wahrnehmungen

25
LAZULI
Die große Einheit

26
WHISPER
Das innere Kind

27

WILLY - NILLY

Toleranz

28

WIDE – AWAKE

Stille

29
WIMBLE
Sorge dich nicht

30

FORELOCK

Überwinde das Leid

31
ALLOW
Kreativität

32

TIEGEL

Wie im Kleinen so im Großen

33
JACQUES SOURIRE
Lache einmal über dich

34

GÜRTEL

Mut

35

GRUMBLE - BARRY

Vergangenheitsbewältigung

36
STOW
Neubeginn

37
CRONY
Achte auf deine Worte

38
TODDLER
Veränderung

39
WINK
Lebensfreude

40
WIZEN
Löse dich von deinen Ängsten

41

YORE

Die Magie der Kristalle

42

SPINDLE - SHANKS

Glück

43

SPILLIKIN

Schutz

44
PILGRIM
Frieden

45

JACK - ROOFING - TILE

Demut

46
VOGELFINK
Harmonie

47

JABBER UNCLE

Kunst

48
LADY - LOBELIE
Ordnung

49

ERDBEER

Liebe kennt keine Eile

50

51

HICCUP

Freiheit

52
COBBLER
Verwandlung

53
VOGELFREI
Der Tanz der Schöpfung

54
ZETTELANKLEBER
Sorglosigkeit

55
WIT
Entspannung